AF322541

LE PROJET DE LOI GOUVERNEMENTAL

SUR LES

ASSURANCES SOCIALES

COMPARÉ

A LA LÉGISLATION D'ASSURANCES

ACTUELLEMENT EN VIGUEUR

EN ALSACE ET EN LORRAINE

RAPPORT

PRÉSENTÉ AU NOM DE LA COMMISSION D'ÉTUDES (1)

SPÉCIALEMENT DÉSIGNÉE

PAR LES

GROUPEMENTS INDUSTRIELS D'ALSACE ET DE LORRAINE

EN VUE D'EXAMINER

LE PROJET DE LOI.

Messieurs,

La Commission, à qui vous aviez confié, le 16 avril dernier, l'étude du Projet de Loi sur les Assurances Sociales, déposé par le Gouvernement, estime avoir suffisamment poussé ses travaux pour pouvoir vous donner aujourd'hui, après un exposé d'ensemble, quelques éléments d'appréciation essentiels et vous présenter des conclusions.

Elle a borné son travail à l'examen du Projet dont elle a surtout cherché à dégager les principes fondamentaux afin d'en apprécier

_____

(1) Cette Commission comprenait : 2 délégués de l'Industrie du Bas-Rhin, 3 délégués de l'Industrie du Haut-Rhin, 2 délégués de l'Industrie de la Moselle.

les répercussions probables sur notre système local d'Assurances Sociales et par suite sur notre industrie d'Alsace et de Lorraine.

Les détails d'application et les chiffres ont aussi retenu son attention, mais elle n'a pas cru devoir s'y attarder : une discussion approfondie de ces points ne trouve en effet réellement place que dans le cadre d'un projet déjà bien équilibré sur des bases ayant résisté, au moins dans l'ensemble, à la critique du premier examen.

Votre Commission, n'ayant malheureusement rien ou à peu près rien trouvé à retenir de l'organisation de l'Assurance telle que la prévoit le Projet gouvernemental, ne pouvait logiquement aborder la question chiffres que dans un contre-projet : elle n'a pas cru devoir entreprendre un tel travail qui, selon elle, dépasse le cadre régional de l'Alsace et de la Lorraine, mais exige la collaboration de toutes les grandes industries françaises à qui appartiendrait pareille initiative.

Ce rapport ne sera donc qu'une critique du régime proposé comparé à notre régime local actuel; c'est dire que nous vous demandons de n'envisager le problème que sous l'angle alsacien-lorrain. Notre législation particulière d'Assurances Sociales nous place, en effet, dans des conditions très différentes des industriels des autres départements pour apprécier une telle question; elle nous a permis en outre d'acquérir une expérience singulière qui nous fait presque une obligation d'émettre aujourd'hui un avis personnel susceptible d'éclairer nos collègues de l'intérieur.

Qu'on ne s'effraye donc pas de cette manifestation dont le particularisme ne saurait porter ombrage : il ne s'agit, pour les industriels d'Alsace et de Lorraine, que d'apprécier une œuvre se proclamant dès la première page, inspirée de l'expérience alsacienne-lorraine, mais à l'édification de laquelle ni eux, ni l'Office Général des Assurances Sociales de Strasbourg, n'ont été appelés à collaborer.

EXPOSÉ D'ENSEMBLE DU PROJET DE LOI.

Le Projet de Loi peut se résumer en : la synthèse des Assurances de notre régime local (exception faite de l'Assurance des survivants) en une Assurance unique réalisée par un organe régional complètement autonome, sous réserve d'une compensation partielle des risques entre les diverses régions par l'intermédiaire d'une Caisse de garantie.

Cette Assurance unique, qui entraîne une cotisation unique, englobe les risques Maladie, Invalidité, Maternité, Vieillesse, Décès, compte tenu des charges de familles et exception faite des accidents du travail.

Elle est obligatoire, sans distinction de profession, pour tous les salariés des deux sexes de 16 à 60 ans dont la rémunération annuelle ou le revenu n'excède pas 10.000 francs.

Elle est facultative dans les mêmes limites de revenus, pour les fermiers, petits patrons, artisans, cultivateurs, etc..... (*Notre régime local assure tous les ouvriers, quel que soit leur salaire. Il ne fait d'exception, d'ailleurs avec une assurance facultative continuée, que pour les employés.*)

Une seule dérogation est prévue en faveur des bénéficiaires des régimes spéciaux (*salariés de l'Etat, des départements et communes, des grands établissements publics, des chemins de fer, mineurs, inscrits maritimes*) auxquels la loi pourra s'appliquer ultérieurement suivant des modalités spéciales à définir dans un règlement d'administration publique.

D'après les calculs du projet, l'Assurance s'appliquerait à environ 10.000.000 de personnes.

Les cotisations et les prestations sont les mêmes pour toutes les Caisses et calculées conformément à un barême établi par la loi. On indique toutefois la possibilité de prestations supplémentaires en cas de bonis, mais dans l'état de la réglementation prévue, celles-ci restent problématiques. On remarquera enfin que la variabilité des coefficients de risques invalidité, maladie et décès d'après la profession, n'intervient pas.

Le fonctionnement de l'Assurance est confié à des *Caisses régionales* complètement autonomes, qui seules ont qualité pour recevoir les cotisations. Elles sont soumises au contrôle d'Offices régionaux, pour ce qui concerne l'application administrative de la loi, et à des Conseils du Contentieux. On prévoit à côté d'elles des *Caisses dites de Remplacement* qui sont en réalité sous leur tutelle et dont le rôle se bornera au service des prestations.

Enfin, *une Caisse générale de garantie*, alimentée par prélèvements sur les bonis, subventions de l'Etat et divers autres versements, a pour principal objet la compensation des risques.

L'Etat participe à l'Assurance notamment en couvrant les frais d'administration de toutes les Caisses par une allocation forfaitaire et en prenant à sa charge les dépenses des Offices. Il contribue pour la moitié des dépenses à la construction et à l'aménagement des établissements de cure et de prévention. Ses charges sont évaluées, pour l'ensemble des quarante-cinq premières années, à 12.775.000.000 francs environ.

LE CARACTÈRE OBLIGATOIRE DE LA LOI.

A la base de la loi, nous trouvons *le principe d'obligation et le précompte*, question qui passionne à juste titre les Groupements à l'intérieur de la France, où, comme vous le savez, les bienfaits d'une Assurance obligatoire sont discutés et où l'ouvrier n'admet pas le prélèvement automatique d'une cotisation sur son salaire à chaque paie.

En Alsace et en Lorraine, nous sommes accoutumés depuis bientôt quarante ans à ces dispositions qui jouent régulièrement et auxquelles il serait peut être dangereux de vouloir toucher. Nous ne nous y arrêterons donc que pour insister sur la nécessité absolue de les admettre dans toute leur rigueur; elles sont la condition nécessaire de la viabilité de tout système d'Assurance Sociale collective.

Il ne nous appartient pas de préjuger de l'accueil que leur feront les autres départements qui, récemment encore, ont fait l'expérience de la loi sur les Retraites Ouvrières et Paysannes. Bornons-nous à faire observer que notre régime local actuel n'a été réalisé que par étapes successives (*Maladie* : 1883, *Accidents* : 1884, *Invalidité, Vieillesse* : 1889, *Survivants* : 1911) et que son application a été singulièrement facilitée chez nous par l'esprit de discipline de nos populations.

Le corollaire de toute obligation, c'est une sanction. Nous avons cru remarquer que les auteurs du projet de loi craignaient surtout les défaillances patronales. Aussi ont-ils prévu, outre des sanctions pécuniaires analogues à celles qui figurent dans notre Code d'Assurances Sociales, toute une gamme de déchéances (*inéligibilité aux Chambres de Commerce, aux Conseils de Prud'hommes, etc...*, *retrait du bénéfice des dérogations prévues par les lois du travail, etc...*) qui frappent l'employeur récalcitrant.

Nous pensons que de telles mesures vexatoires et mesquines n'ont pas leur place ici, elles indiquent vis-à-vis du patronat un état d'esprit de méfiance qu'il ne mérite pas et elles n'auraient le plus souvent d'autre effet, en admettant qu'elles puissent être appliquées, que de gêner l'industrie.

Les sanctions actuelles prévues par notre régime local sont très suffisantes et nous dirons que la meilleure manière d'obtenir une stricte application de la loi, c'est d'envisager une perception rigoureuse du précompte et surtout d'établir cette loi sur des bases administratives assez simples pour n'exiger qu'un minimum de « paperasserie ».

ADMINISTRATION DE L'ASSURANCE.

1° Offices d'Assurances. — On ne prévoit pas d'Office national d'Assurances Sociales comparable à notre Office Général de Strasbourg ou à l'Office Impérial de Berlin; ce sont des Offices régionaux qui ont toute compétence en matière administrative : ils constituent des établissements publics et relèvent directement du Ministère du Travail.

Chaque *Office régional* comporte :

a) *A chaque chef-lieu d'arrondissement* :

Un Comité (6 *Membres, dont 1 élu des Employeurs, 1 élu des Assurés, 4 Représentants des intérêts généraux*) ;

Un Bureau dont le Directeur est nommé par arrêté ministériel.

b) *Au chef-lieu de région* :

Un Conseil (16 *Membres, dont 4 élus des Employeurs, 4 élus des Assurés, 8 Représentants des intérêts généraux*) ;

Une Direction (nommé par décret, sur proposition du Ministre du Travail).

2° Conseils du Contentieux :

a) Au chef-lieu de chaque arrondissement :

Un *Conseil local du Contentieux*, compétent en premier ressort pour les contestations ne dépassant pas le domaine d'une section et sur les recours contre les décisions du bureau local de l'Office.

b) Au chef-lieu de chaque région :

Un *Conseil régional du Contentieux*, compétent pour les contestations dépassant le domaine d'une section, sur les recours portés contre les décisions de l'Administration régionale de l'Office et pour connaître en appel des décisions prises par le Conseil local du Contentieux ;

c) Un *Conseil supérieur du Contentieux*, compétent en premier et dernier ressort pour les contestations dépassant le domaine de la région, sur les recours portés contre la décision d'Administration supérieure et pour connaître en appel des décisions jugées en premier ressort par les Conseils régionaux du Contentieux.

Enfin, le *Conseil d'Etat* est compétent pour statuer sur les recours formés contre les décisions du Conseil supérieur pour excès dé pouvoir, vice de forme ou violation de la loi.

Ces Conseils du Contentieux comprennent tous des Magistrats de l'Ordre administratif ou judiciaire désignés par le Ministre de la Justice, un Employeur, un Assuré et des Représentants des intérêts généraux.

Enfin, il est formé, près du Ministre du Travail et sous sa présidence :

3° **Un Comité Consultatif des Assurances Sociales.** — Chargé de l'examen de toutes questions concernant la loi et qui lui sont renvoyées par le Ministre du Travail ; ce Comité comprend 50 Membres renouvelables tous les quatre ans et parmi lesquels nous relevons :

5 Parlementaires élus par leurs collègues ;

7 Représentants des Ministères intéressés ;

5 Directeurs d'Offices régionaux élus par leurs collègues (*rappelons que ces Directeurs sont nommés par décret*) ;

5 Représentants des Caisses régionales élus par ces Caisses ;

5 Représentants des Caisses de remplacement élus par ces Caisses ;

5 Représentants des Employeurs élus par les Membres employeurs du Conseil des Caisses régionales ;

5 Représentants des Assurés élus par les Membres assurés du Conseil des Caisses régionales ;

2 Représentants de la Caisse générale de Garantie désignés par cette Caisse ;

2 Représentants des Groupements professionnels des Médecins ;

1 Représentant des Groupements professionnels des Pharmaciens ;

1 Représentant de l'Institut des Actuaires.

Le Comité Consultatif nomme parmi ses Membres une Commission permanente.

Observations. — Nous ne présenterons que peu d'observations sur ce système de contrôle et de juridiction en somme assez comparable à celui que nous avons en Alsace et Lorraine.

Nous y remarquerons cependant la place prépondérante que tiennent dans presque tous ces organes, en face des participants (*Employeurs et Assurés*) les représentants des intérêts généraux ; ceux-ci occupent à eux seuls la moitié des sièges aux Conseils des Offices régionaux et les deux tiers des sièges aux Comités de Section. Ces représentants des intérêts généraux sont désignés par les Ministères intéressés (*Travail, Finances, Hygiène et Prévoyance*), mais les considérations qui doivent présider à leur choix ne sont pas définies. Si on tient compte de ce que la Direction des Offices et des Bureaux relève du Ministère du Travail, on constate qu'il y a dans ces Conseils une majorité de fonctionnaires qu'on retrouve d'ailleurs en compagnie de Parlementaires au Comité Consultatif des Assurances Sociales, lequel, en raison du nombre de ses Membres, pourrait difficilement fournir un travail pratique.

N'y a-t-il pas là un danger, lorsqu'il s'agit d'un pays comme la France, où la vie politique est particulièrement intense, surtout en périodes électorales ? Il paraît bien préférable, au contraire, de s'inspirer davantage des dispositions du régime alsacien-lorrain qui, en laissant dans les organes similaires une *place nettement prépondérante aux cotisants*, trouve dans cette disposition la plus sûre garantie d'une juste application de la loi.

LES COTISATIONS ET LES PRESTATIONS.

Les cotisations et les prestations en argent sont déterminées par des classes de salaires au nombre de six et échelonnées de 0 à 10.000 francs. Ce système de classe est admis également par le régime local.

Les cotisations. — S'élèvent au total à 10 % du salaire ; elles doivent être supportées par moitié par l'Employeur et par l'Assuré. (*En Alsace et en Lorraine, l'Employeur ne contribue que pour un tiers à l'Assurance-Maladie.*)

Il est vraisemblable que l'ouvrier n'admettra le paiement de sa cotisation qu'en compensation d'un relèvement équivalent de son salaire : on peut donc croire que la loi se traduira, pour les industries de l'intérieur, par une surcharge de 10 % des salaires.

En Alsace et en Lorraine, on peut admettre, d'après le résultat d'une enquête (1) dans l'industrie textile, comme base des cotisations totales actuelles, variables d'ailleurs d'une Caisse à l'autre :

Assurance Maladie : 2,81 % des salaires. On note des chiffres inférieurs dans quelques Caisses d'entreprises.

— Invalidité-Vieillesse : 1,95 % des salaires.

4,74 % des salaires, dont 1,90 % sont à la charge du patron. et 2,84 % à la charge de l'ouvrier.

Un résultat immédiat de l'application du projet de loi en Alsace et en Lorraine serait donc de multiplier les charges ouvrières par 1,75 et les charges patronales par 2,6. Encore faut-il remarquer que dans le régime actuel, les cotisations ne sont prélevées que sur un maximum de traitement de :

6.000 francs pour la maladie;
5.000 francs pour l'invalidité;

alors que d'après le projet, ce maximum serait élevé à 9.000 francs.

Ajoutons enfin que le projet réserve, à l'intention des Caisses d'Alsace et de Lorraine, une cotisation spéciale supplémentaire pour leur permettre de continuer le service des rentes de veuves et d'orphelins attribuées dans le régime actuel, qu'il prévoit la révision tous les cinq ans du taux des cotisations et par conséquent la possibilité de les augmenter, si les résultats de la période écoulée sont déficitaires.

Les Prestations.

a) *En nature*. — Analogues à celles que prévoit la loi locale (*soins médicaux et interventions chirurgicales* ; *traitements dans les établissements de cure*). Les soins médicaux et les produits pharmaceutiques sont accordés aux familles des assurés.

b) *En argent*. — Sont plus élevés que celles de la loi locale. Elles

---

(1) Ces chiffres résultent d'une enquête concernant l'année 1913.
Les chiffres de 1920 sont moins élevés.
Tous ces chiffres correspondent à une moyenne de résultats de caisses d'entreprises et de caisses locales.

varient suivant chaque classe de salaire, tiennent compte des charges de famille et de l'invalidité partielle (*au moins* 60 %).

On distingue trois taux différents suivant qu'il s'agit :

1° Des six premiers mois d'une incapacité de travail. On exige une période d'attente équivalente à 120 cotisations journalières versées pendant les six mois précédents. (*Aucune disposition analogue n'existe dans le régime local.*)

2° D'une période de cinq ans à partir du début du septième mois de l'incapacité de travail. On exige une période d'attente équivalente à 480 cotisations versées pendant les deux ans précédents. (*Une disposition analogue n'existe dans la loi locale que pour les Employés.*)

3° D'une période postérieure à la période précédente.

Le projet prévoit en outre des allocations d'allaitement, de naissance (*inconnues dans la loi locale*), de décès et des pensions de vieillesse liquidées à 60 ans (65 *dans la loi locale*).

L'Assurance des Survivants de la loi locale pourra être maintenue en Alsace et en Lorraine, moyennant des cotisations supplémentaires.

FONCTIONNEMENT TECHNIQUE.

La réunion dans une seule Assurance de risque aussi variés, conduit à une comptabilité et à un mécanisme d'une complication extrême dont nous ne donnerons qu'un aperçu très général.

Comptabilité. — A l'Assurance-Maladie, Invalidité, jusqu'à six mois, Maternité et Décès, le projet applique *un régime de répartition* ; les risques de cette portion de l'Assurance pouvant s'évaluer par exercice seront couverts par les ressources annuelles correspondantes. Les comptes peuvent donc être liquidés chaque année au moyen d'*un fonds de répartition* (*Voir Caisses régionales*) constitué par prélèvement sur les cotisations.

A l'Assurance Vieillesse le projet applique *le régime de la capitalisation*. Chaque assuré possède un compte individuel où sont inscrits ses versements et les rentes viagères correspondantes calculées suivant des tables de mortalité. Il est constitué à cet effet un fonds de garantie alimenté par une fraction des cotisations et par la Caisse générale de garantie qui complète les pensions jusqu'à concurrence de 250 francs.

Quant à l'Assurance Invalidité (*après six mois*) elle entraîne l'ouverture *d'un compte d'invalidité* à chaque assuré après six mois de maladie. Ce compte est alimenté par le capital de rentes éventuelles jusqu'alors inscrites au compte Assurance Vieillesse et complété par des versements de l'Etat.

En cas d'incapacité partielle de travail, les deux comptes invalidité et vieillesse coexistent.

Mécanisme. — Les timbres retraites, les cartes annuelles de notre régime local disparaissent. Chaque assuré est inscrit à l'Office local d'Assurances par les soins de son Employeur et reçoit un livret d'Assurance Vieillesse.

L'exposé des motifs du projet voit une grande simplification dans ces dispositions et dans la cotisation unique que les organes de l'Assurance sont d'ailleurs obligés de partager entre différents comptes. Il omet d'attirer l'attention sur la complexité de la comptabilité que nous venons de voir et sur les difficultés de paperasseries dont nous allons essayer de donner ci-dessous une idée.

A. Etats à fournir par l'Employeur.

a) *A l'Office local d'Assurances dans les quinze jours qui suivent chaque nouvel engagement de personnel.*

1º Nom et prénoms usuels des salariés intéressés ;

2º Leur numéro d'immatriculation, s'ils en ont un, ou à défaut leur adresse ;

3º Leur rémunération ainsi que suppléments de toute nature ;

4º La classe d'Assurance présumée.

b) *A la Caisse régionale, dans les huit jours qui suivent la fin de chaque mois, un bordereau indiquant :*

1º Nom et prénoms, numéro d'immatriculation et classe de tous assurés occupés pendant le mois ;

2º Pour chacun de ces assurés, la période de travail pendant laquelle il a reçu un salaire.

Ajoutez à cela que l'Employeur doit informer dans un délai de quinze jours l'Office local de toutes les variations de salaires entraînant un changement de classe et vous comprendrez aisément que votre Commission propose de demander un peu plus d'indulgence pour l'Employeur défaillant. Il existe d'ailleurs des industries utilisant presque exclusivement de la main-d'œuvre de passage et où ces dispositions seront inapplicables.

Actuellement, le fonctionnement de nos Caisses d'entreprises exige beaucoup moins de formalités. Nous verrons que le nouveau projet leur complique la besogne en leur retirant une partie de leurs attributions.

B. Etats à fournir par l'Office d'Assurance.

1° A l'Assuré :

a) Le chiffre de salaire déclaré par l'Employeur et qui a servi de base à la détermination de la classe d'Assurance;

b) La classe où il a été rangé sous réserve de son droit de recours.

2° A la Caisse régionale :

a) Les renseignements nécessaires à l'ouverture du compte individuel de l'Assuré s'il y a lieu;

b) La classe d'assurance de l'Assuré.

3° A l'Employeur (en cas d'insuffisance de renseignements) :

a) Numéro d'immatriculation de l'assuré;

b) Classe d'assurance définitive où l'assuré doit être rattaché.

Les Offices doivent en outre :

1° Vérifier les demandes et les renseignements d'identité des Assurés;

2° Délivrer aux Assurés les livrets d'Assurance Sociale et les mettre à jour;

3° Recevoir et transmettre à la Caisse régionale et aux Caisses de remplacement, les adhésions et les certificats d'admission des Assurés affiliés à ces dernières.

Observez qu'il n'est question dans tout cela, ni des Assurés facultatifs, ni de la Caisse générale de garantie, ni des correspondances qui sont normalement échangées entre les différents organes intéressés à propos de contestations, de changement de résidence des Assurés, etc.. , et vous serez certainement convaincus dès maintenant de l'impossibilité de réaliser pratiquement un pareil système, même en admettant que tous les organes de l'Assurance, par une sorte de privilège, soient abondamment pourvus d'un personnel d'élite.

LES CAISSES D'ASSURANCE.

Le Projet prévoit la division du territoire français en régions d'Assurance (25 *au maximum*) dont la délimitation n'est pas indiquée. Comme certaines exceptions (*notamment l'Assurance des Survivants*) sont prévues pour nos 3 Départements du Haut-Rhin, du Bas-Rhin et de la Moselle, on peut croire que ceux-ci, dans l'esprit des auteurs du Projet, doivent constituer à eux seuls une région.

Au Chef Lieu de chaque région, est prévue une **Caisse régionale** comportant une succursale par section, c'est à dire par canton ou par commune de plus de 10.000 habitants. Le Projet comporte donc la création de 519 bureaux locaux dont les dépenses annuelles ont été. évaluées à 49.000.000 de francs.

Administration. — *Chaque Caisse Régionale* est administrée par un Conseil de 36 membres : .

18 Représentants élus des Assurés ;

9 Représentants des Intérêts Généraux désignés par Décret sur proposition des Ministres du Travail et des Finances.

Il est prévu des Membres Suppléants nommés d'après des règles analogues.

Chaque *succursale de la Caisse* est administrée par un Conseil de 8 membres comprenant :

4 Représentants élus des Assurés ;

2 Représentants élus des Employeurs ;

2 Représentants des Intérêts Généraux désignés par Arrêté préfectoral.

Des membres suppléants sont prévus dans les mêmes conditions.

Tous ces Administrateurs sont nommés pour 4 ans et renouvelables par moitié tous les 2 ans. On ne prévoit pas d'élection pour la première année, mais des nominations par Décret et Arrêté préfectoral conformément aux principes ci-dessus.

Rôle et fonctionnement. — La Caisse régionale effectue sous sa responsabilité toutes les opérations d'Assurances qui concernent ses Membres. Elle seule a qualité pour percevoir les cotisations qui lui sont versées directement par l'Employeur. Elle est remboursée en outre par l'Etat des indemnités forfaitaires de gestion, du montant des prestations dont ce dernier assume la charge et par la Caisse générale de garantie de la fraction des prestations imputables à cette dernière. En un mot, c'est elle qui centralise les fonds destinés au fonctionnement de l'Assurance Sociale dans la région.

En vue des opérations qu'elle effectue, la Caisse régionale tient :

1º — Un compte général de répartition divisé en 6 Sections

I. — Maladie-Invalidité pendant les 6 premiers mois.
II. — Maladie-Invalidité à partir du 6e mois jusqu'à la constitution de la pension invalidité.
III. — Maternité.
IV. — Décès.
V. — Charges de famille.
VI. — Fonds de garantie des pensions de vieillesse destiné à porter éventuellement les pensions au minimum garanti.

N. B. Les dépenses résultant des soins accordés à la famille de l'Assuré sont portées aux sections I ou II suivant le cas.

2º — Un Compte individuel d'Assurance Vieillesse pour les Membres n'ayant pas adhéré à une Caisse vieillesse ;

3º — Un Compte individuel d'Assurance Invalidité pour chaque Assuré bénéficiaire d'une allocation mensuelle ou d'une pension d'invalidité ;

4º — Un Compte fonds de réserve :
      a) Maladie, maternité ;
      b) Invalidité, décès.

5º — Un Compte dépenses d'Administration.

La Caisse régionale fait donc directement aux Assurés qui lui sont affiliés les divers services de l'Assurance. Pour le cas où les Assurés lui sont affiliés par l'intermédiaire d'une Caisse de remplacement, elle transfère à celle-ci la fraction des cotisations afférentes au service à assurer.

Fonds de Réserve et Compensation. — Elle contribue, par le versement d'un certain pourcentage de ses recettes, à la constitution du fonds de réserve de la Caisse générale de garantie.

Les deux tiers de l'excédent des recettes sur les dépenses pour les sections I — II — III — IV du Compte Général de répartition sont versés chaque année par la Caisse Régionale, à la Caisse Générale de garantie, afin de constituer un fonds de compensation.

Le **tiers** restant permet à la Caisse régionale de se constituer un fonds de réserve particulier.

C'est ce fonds de réserve régional qui doit pallier en fin d'exercice à l'insuffisance de ressources des Sections I — II — III — IV du Compte de répartition. — Dans le cas où ce fonds de réserve est insuffisant, on fait appel au fonds de compensation de la Caisse de garantie.

Si la situation financière est favorable, la Caisse régionale pourra faire appel à son fonds de réserve pour faire bénéficier ses membres ou leurs familles d'avantages supplémentaires, mais une certaine période d'attente est exigée (3 *ans ou* 10 *ans*).

Observations. — Ce qui choque avant tout, abstraction faite de la complication du fonctionnement d'un tel organisme qui rend tout contrôle efficace pratiquement impossible, c'est la composition du Conseil d'administration dont l'importance numérique ne manquera pas d'effrayer tous ceux qui connaissent la difficulté d'obtenir parfois une décision autour d'un tapis vert.

Les « Mauvais esprits » reconnaîtront peut être ici la marque de cette méfiance déjà signalée plus haut à l'égard des patrons ; en effet, un quart des Sièges seulement est réservé aux Employeurs qui assument pourtant la charge de la moitié des cotisations. Nous retrouverons par contre un nombre imposant des représentants des intérêts généraux dont la présence ici est certes très discutable.

Elle implique en effet qu'outre le contrôle, l'Etat entend se réserver une part de la gestion des Caisses hors de proportion avec les charges qu'il assume.

Le principe de la gestion des Caisses par les seuls participants représentés au Conseil proportionnellement à leurs charges doit être intangible. Nous aurons d'ailleurs prochainement l'occasion d'y revenir.

LES CAISSES DE REMPLACEMENT.

Leur Rôle. — Sont destinées à *remplacer une partie des services de la Caisse régionale.* — C'est dans cette institution que, selon la Loi projetée, doivent trouver place les organisations mutualistes et industrielles existant actuellement à l'intérieur de la France, en Alsace et en Lorraine.

On distinguera 2 classes de Caisses de remplacement :

a) **Caisses d'Assurance Maladie,** compétentes pour l'Assurance maladie pendant les 6 premiers mois et pour l'assurance maternité ;

b) **Caisses d'Assurance Vieillesse.**

Ces Caisses doivent être agréées par décret sur proposition des Ministres du Travail et des Finances. Elles doivent réunir 250 Membres au moins pour les Caisses de Maladie (*Le Code local n'exige que 150 membres pour la constitution d'une Caisse d'Entreprise*), 10.000 Membres au moins pour les Caisses Vieillesse et s'engager à fournir les prestations légales.

Elles ont, dans le domaine qui leur est accessible, les mêmes capacités et obligations que les Caisses régionales, *mais seulement pour le service des prestations*. Elles ne sont pas compétentes pour percevoir les cotisations. C'est la Caisse régionale dont elles relèvent qui leur fait le service, proportionnellement au nombre de leur adhérents, de la part des cotisations et des allocations forfaitaires de gestion qui leur revient.

Le contrôle sur le recouvrement des cotisations leur échappe et il peut y avoir là une source de conflits d'une part avec les assurés, d'autre part avec la Caisse régionale.

La Caisse régionale exerce sur elles une véritable tutelle financière ; comme elles sont soumises aux mêmes règles pour ce qui concerne l'utilisation des bonis (*deux tiers à la Caisse de garantie*), on voit que le jeu de ces Caisses de remplacement tout en comportant un gros mouvement de fonds, est beaucoup trop rigide pour que les participants puissent trouver véritablement intérêt à une bonne gestion et au développement de ces institutions.

Leur nombre. — Le Projet laisse la faculté de constituer des Caisses de remplacement *aux Syndicats professionnels patronaux, ouvriers et agricoles ou à leur unions, aux Etablissements industriels, commerciaux et agricoles*. Chaque assuré peut adhérer à la Caisse de son choix.

Ces dispositions augmentent inutilement le nombre des employés et entraînent pour les petites Caisses des difficultés de gestion et de contrôle en les obligeant parfois à disperser leur action dans une zone géographique trop vaste pour leur moyens ; elles présentent surtout le grave inconvénient de susciter entre ces Caisses une concurrence où des motifs étrangers à l'Assurance Sociale, pourront trouver place.

Administration. — Le Projet de Loi spécifie que ces Caisses de remplacement seront administrées :

a) Pour le cas d'une Caisse Syndicale d'ouvriers ou d'employés par le *Syndicat lui-même* ou *l'Union des Syndicats* intéressés.

b) Pour le cas d'une Caisse Syndicale patronale ou d'une Caisse d'Entreprises par un comité mixte composé au moins pour la moitié de représentants élus des Assurés.

Outre que ces dispositions sont contraires au principe de la gestion des Caisses par les seuls participants représentés au Conseil, proportionnellement à leurs charges, elles constituent pour l'avenir économique du pays, un danger tel que nous vous proposerons d'y faire une opposition irréductible.

Observations. — Les Syndicats ouvriers sont des organes de combat d'importance et de prestige éminemment variables suivant les circonstances. Ils ne représentent souvent qu'une partie des travailleurs, tiraillés entre des Syndicats de tendances diverses. Enfin, l'expérience a montré que les dirigeants de ces Syndicats ne présentent pas toujours des garanties de probité suffisantes pour la gérance de fonds destinés à un service public.

A l'appui de ce que nous avançons nous ne vous rappellerons que les malversations dont ils s'accusent réciproquement, en Alsace et en Lorraine, dans les discussions virulentes, dont la presse se fait parfois l'écho.

Nous n'oublierons ni les attaches allemandes de certains hauts personnages syndicalistes de notre région, ni les dernières tentatives de collaboration patronale avec certains syndicats, lesquelles ont nettement mis en évidence la volonté bien arrêté de quelques agitateurs de poursuivre la destruction de la Société par une politique d'action directe.

La Caisse d'Assurance ne doit pas être utilisée à des fins de propagande et d'intimidation contre les ouvriers non syndiqués dont la liberté est tout aussi respectable que celles des ouvriers syndiqués ; elle ne doit surtout pas devenir une Caisse de grève au profit d'une politique extrémiste entretenue jusqu'ici par l'argent de l'étranger.

C'est vraisemblablement par les dispositions concernant les Caisses syndicales ouvrières que le Projet de Loi a conquis les faveurs de la C. G. T. dont le modérantisme suspect n'est qu'une tactique. On pouvait en effet lire dans le *Peuple* du 10 novembre :

« Je voudrais que nos organisations syndicales, com-
« prenant la force morale, *matérielle et même révolutionnaire*
« qu'elles retireraient de cette Loi, entreprennent sans plus
« tarder en faveur de son vote rapide, une action énergique
« dont l'avenir leur démontrera l'utilité et la valeur ».

A notre avis, 2 seules catégories de Caisses doivent être main-
tenues :

a) Les Caisses mutualistes ;

b) Les Caisses d'Entreprises, telles qu'elles existent et fonction-
nent actuellement.

Le sort des Caisses d'Entreprises. — Celles-ci ont toujours donné
satisfaction. Comparables aux Caisses des Mineurs de l'Intérieur,
elles sont entièrement autonomes et gérées par un *Comité-Directeur
mixte à majorité ouvrière*, où les participants sont représentés proportionnellement à leurs cotisations. Elles sont économiques, puisque
le personnel d'Administration est à la charge de l'employeur et elles
offrent d'excellentes garanties de gestion puisqu'elles s'appuient
sur une communauté d'intérêts beaucoup plus étroite entre les ouvriers
d'une même entreprise qu'entre les ouvriers d'un même corps de mé-
tiers ou d'une même région et qu'elles peuvent utiliser les moyens
de contrôle efficace de l'employeur sur son personnel.

On a enfin pu apprécier partout où elles existent l'heureux effet
de ces institutions qui maintiennent un contact étroit entre ouvriers
et patrons en permettant aux premiers d'apprendre à « gérer » et aux
derniers de s'intéresser davantage au sort de leur personnel.

*Il est à prévoir que ces Caisses d'entreprise n'admettront jamais
la tutelle d'une Caisse régionale. On a d'ailleurs enregistré récemment
en Moselle leur protestation faite au nom de plus de 63.000 assurés.*

En devenant Caisses de remplacement, elles seraient réduites
à un véritable guichet de distribution, exigeant d'ailleurs un personnel
d'Administration aussi nombreux pour un résultat moindre ; perdant
toute autonomie, les avantages qu'elles présentent au point de vue
émulation et contrôle disparaissent, et avec eux les garanties d'une
bonne gestion aux dépens de l'intérêt général.

- Enfin, la possibilité, pour chaque ouvrier, de s'affilier à la Caisse
de son choix, les placera dans des conditions d'instabilité qui com-
promettront leur existence et compliquera singulièrement leur fonctionnement lorsqu'il s'agira d'Assurés qui maintiendront leur affi-
liation quoique changeant d'emploi et de résidence.

Pour toutes ces raisons, la Commission vous propose *de réclamer énergiquement le maintien des Caisses d'Entreprises dans toutes leurs prérogatives, notamment avec l'obligation pour tout salarié d'un Etablissement, de s'assurer à la Caisse de cet établissement.*

LA CAISSE GÉNÉRALE DE GARANTIE.

C'est une Caisse de compensation et de réassurance destinée à venir en aide aux Caisses aux prises avec des difficultés financières résultant de circonstances indépendantes de leur gestion (*épidémies— Industries particulièrement malsaines, etc...*) et à contribuer aux dépenses résultant de l'attribution des allocations ou pensions d'invalidité et de vieillesse.

Son Conseil d'Administration comprend au moins un Représentant de chacune des Caisses régionales, 9 Représentants élus (*représentation proportionnelle*) des Caisses de remplacement et 9 Représentants des intérêts généraux désignés par décret.

La Caisse comprend (Art. 85—110) :

Un Fonds de Compensation alimenté par prélèvement sur les bonis des Caisses d'Assurance (les deux tiers du boni).

Un Fonds de réserve alimenté par prélèvement fixe (tant %) sur certaines catégories de recettes des Caisses et par des subventions de l'Etat.

Un Fonds spécial Invalidité-Vieillesse, alimenté par prélèvements d'une part fixe sur certaines cotisations, par des amendes et des subventions.

La compensation seule retiendra notre attention. Nous estimons en effet que le principe qui consiste à prélever automatiquement un véritable impôt sur les bonis de certaines Caisses, en faveur d'autres Caisses qui leur sont étrangères, est très discutable et porte atteinte à un droit de propriété.

Il ne sera certainement pas admis par nos Caisses d'entreprises, dont les ouvriers surveillent l'attribution des fonds avec le plus grand soin. De plus, il conduit fatalement à la mauvaise gestion des Caisses en les désintéressant et en les plaçant sous un régime de quasi-irresponsabilité.

Les Caisses dont le service de contrôle sera insuffisant combleront leur déficit au détriment des Caisses bien surveillées, en particulier des Caisses Industrielles : celles-ci se lasseront bientôt d'un effort dont elles-mêmes ne retireront qu'un profit insuffisant et on peut prévoir le moment où le fonds de compensation ne trouvera plus d'aliment que dans le budget de l'Etat, qui augmentera les cotisations.

Par contre, nous pensons utile d'admettre le *principe d'une réassurance pour toutes les Caisses de Maladie* auprès d'une Caisse Générale de garantie. Mais cette réassurance ne devrait jouer que dans des cas extrêmement rares et définis avec précision par la loi (Epidémies, catastrophes, etc...).

Les risques des Industries malsaines sont du ressort des Lois d'Hygiène et de la réglementation du travail, mais ne doivent pas entrer en ligne de compte dans un régime d'Assurance sociale.

Cette Caisse de réassurance devrait être alimentée par toutes les Caisses quelles qu'elles soient au moyen d'une cotisation fixe limitée à un chiffre raisonnable et proportionnel à l'importance de chacune d'elles.

Ajoutons enfin qu'en Alsace et en Lorraine, pas plus qu'à l'intérieur de la France pour les mineurs n'existe aucune disposition de ce genre concernant les Caisses de Maladie qui sont prospères.

LES RAPPORTS DES CAISSES AVEC LES MÉDECINS ET LES PHARMACIENS.

Le Projet adopte le principe *du libre choix du médecin et du pharmacien* par l'assuré. En conséquence, il prévoit l'établissement de contrats collectifs entre les Caisses d'Assurances et les Syndicats de Médecins et de Pharmaciens, stipulant une rémunération forfaitaire par tête d'assuré. Le paiement se fera directement au syndicat chargé de faire la répartition. Les auteurs du projet apportent à l'appui de ces dispositions l'affirmation que la très grande majorité des Médecins et des Pharmaciens sont syndiqués : ils estiment que ce nouveau régime comportera de nombreux avantages. Ceux-ci sont très discutés ; en Alsace le libre choix du Médecin a donné de bons résultats ; en Lorraine il est très restreint ; dans les autres départements il a attiré les pires ennuis.

De plus, peu édifiée des expériences récentes faites dans le domaine des contrats collectifs, la Commission estime beaucoup préférable de ne pas donner à ces dispositions une sanction légale et de laisser agir chacun comme il l'entend. L'obligation pour les Caisses de ne s'adresser qu'à des Médecins syndiqués peut priver celles-ci du secours précieux de certains praticiens, elle constitue en outre un précédent facheux qu'on ne manquera pas d'invoquer pour obliger un employeur à n'embaucher que des ouvriers syndiqués.

Il est prévu enfin, un *ticket modérateur* destiné à éviter les abus des visites médicales, soit par les assurés, soit par les médecins eux mêmes, et un droit de recours des médecins contre l'Assuré qui l'a fait déranger inutilement. *Ce droit de recours n'existe pas en faveur de l'Assuré en cas de négligence du Médecin.*

L'idée de ce ticket modérateur n'est pas à rejeter de prime abord, mais on ne peut s'empêcher de constater que l'assuré déjà redevable d'une cotisation très lourde admettra difficilement l'obligation de payer en outre 25—50 ou 75 centimes à chaque visite de Médecin. Cependant, des expériences faites à l'Intérieur auraient donné des résultats favorables (?).

CONCLUSIONS.

On peut dire en résumé que le Projet de Loi prévoit l'organisation des Assurances Sociales, suivant un régime régional à tendance fortement étatiste où les divers organes alourdis par une besogne énorme de formalités auront un rayon d'action beaucoup trop étendu pour permettre un contrôle efficace, et bénéficieront d'une irresponsabilité relative.

Vous avez certainement remarqué que tout le système de critique de la Commission pivote autour de la nécessité du maintien des Caisses d'Entreprises dans les conditions d'autonomie complète et de monopole dont elles jouissent aujourd'hui d'après la Loi locale.

Ces Caisses d'entreprise ayant souvent une envergure beaucoup trop faible pour pouvoir s'intéresser aux Assurances Invalidité après 6 mois et vieillesse, la Commission a été amenée logiquement **à rejeter d'emblée toute l'organisation prévue fondée sur le principe d'une assurance unique contre tous les risques. Faut-il le regretter ?** Elle ne le pense pas, car elle ne croit pas être injuste en estimant le Projet de Loi, certainement inspiré par des intentions excellentes, à la valeur d'une thèse intéressante et bien établie, mais à la construction de laquelle toute considération d'ordre pratique, fondée sur l'expérience et les réalités, est restée étrangère.

Nous vous proposerons donc d'exprimer cette opinion dans une lettre. La Commission a hésité sur la formule à employer qui, selon elle, doit traduire une *opposition très nette tout en insistant sur les avantages du régime local*. Réclamer des amendements laisserait supposer un accord possible sous condition de quelque « replâtrage » *irréalisable d'ailleurs, puisqu'on ne peut toucher une pierre de l'édifice sans voir celui-ci s'effondrer;* demander au Gouvernement le retrait pur et simple du Projet paraissait un peu brutal. Quoiqu'elle ait marqué ses préférences pour cette dernière formule qui traduit exactement sa pensée, elle s'est ralliée à l'unanimité à une formule beaucoup plus souple dans les termes.

Pour qu'il n'y ait pas de malentendu sur l'attitude des Industriels d'Alsace et de Lorraine en face du problème qui se pose et qu'il faudra résoudre tôt ou tard, votre Commission vous demande d'affirmer nettement dans cette lettre votre attachement au maintien des Assurances sociales dans nos régions.

Elle ne s'est arrêtée que peu de temps aux idées qui pourraient inspirer la rédaction d'un nouveau projet de loi, mais elle croit cependant que celui-ci devrait s'appuyer sur les bases fondamentales de notre Système local actuel qui a fait ses preuves et qui, dans l'ensemble, pourrait facilement s'ajuster avec les Institutions d'Assurance existant déjà à l'intérieur de la France.

Ce rapport entendu, les délégués des Associations corporatives des Industriels d'Alsace et de Lorraine décident de l'adresser, accompagné de la lettre ci-jointe, à Monsieur le Président de la Commission de la Prévoyance Sociale de la Chambre des Députés.